Bibliografische Information der Deutschen Nationalbibliothek: Die Deutsche Bibliothek verzeichnet diese Publikation in der Deutschen Nationalbibliografie; detaillierte bibliografische Daten sind im Internet über http://dnb.d-nb.de/ abrufbar.

1. Auflage 2006
Copyright © 2006 GRIN Verlag
http://www.grin.com/
Druck und Bindung: Books on Demand GmbH, Norderstedt Germany
ISBN 978-3-640-15638-2

I0011110

Universität Trier
Lehrstuhl für Wirtschaftsinformatik II

Seminar
E-Business – B2B Business-To-Business
***

Thema: E-Business – Einsatz von RFID-Chips

WS 2005/2006

Matthias Kirschner

Abstract

Radio Frequency Identification (RFID) ist ein System zur automatischen kontaktlosen Identifikation von Objekten. Die Identifikationsdaten befinden sich im sogenannten Tag, der auf das zu identifizierende Objekt aufgebracht ist und werden mithilfe von Funkwellen an eine Leseeinheit übertragen. Dabei muss für die Kommunikation zwischen diesen beiden Komponenten kein Sichtkontakt bestehen.

Während viele Unternehmen durchaus die Potentiale der Technologie erkannt haben, die beispielsweise in der Lage ist, sowohl den bewährten Barcode als auch die weit verbreiteten Magnetkarten zu verdrängen, verhindern bisher noch fehlende weltweit einheitliche Standards und die relativ hohen Investitionskosten einen Masseneinsatz. Hinzu kommen noch Bedenken von Datenschützern, die den "gläsernen Menschen" befürchten.

Inhaltsverzeichnis

1   Einführung

RFID steht für *Radio Frequency Identification*. In dem Begriff steckt bereits die Erläuterung der Kernaufgabe von RFID: das automatische Identifizieren eines Objekts mittels Funkwellen (Radio- bzw. elektromagnetischen Wellen). Damit wird für die Übertragung der Informationen weder direkter noch visueller Kontakt zwischen Sender und Empfänger benötigt. RFID Systeme gehören zu den *Automatischen Identifikationssystemen* (vgl. Abschnitt 1.1) [1].

Zentrale Einheiten eines RFID Systems sind die sogenannten *RFID Tags*. Synonym werden auch die Bezeichnungen *Transponder*, *Smart Tag* und *Smart Label* verwendet [2]. Die Tags bestehen im wesentlichen aus einem Mikrochip, der mit einer Antenne verbunden ist. Über die Antenne kann der Transponder u.a. Signale empfangen und senden und der Mikrochip enthält Daten, die der Identifikation des Objektes dienen, auf das der Transponder aufgebracht wurde. Solche Informationen können z. B. ein Herstellungsdatum, ein Bestimmungsort oder ein Verfallsdatum sein [1].

Der zweite wichtige Bestandteil des Systems ist die Sendeeinheit, der *RFID Reader*. Dieser strahlt über eine oder mehrere Antennen ein Funksignal aus, das von allen Tags in Reichweite empfangen wird. Daraufhin werden die Daten, die der Mikrochip im Tag enthält, ausgelesen und in einem Antwortsignal verpackt an den Reader zurückübertragen.

Im Hintergrund des Readers steht ein Computersystem, das, mit entsprechender Middleware und Anwendungssoftware versehen, die Antwortsignale des Transponders verarbeiten und interpretieren kann.

Zentrale Merkmale jedes RFID-Systems sind also [3]:

- *Elektronische Identifikation*
  Jedes Objekt innerhalb des Systems ist eindeutig gekennzeichnet und elektronisch identifizierbar.

- *Kontaktlose Datenübertragung*
  Die auf den Objekten gespeicherten Daten können über Funkfrequenzen ohne Kontakt mit der Leseeinheit ausgelesen werden.

- *Senden auf Abruf*
  Das Objekt stellt seine Daten dem Lesegerät nur dann zur Verfügung, wenn es durch ein Signal des Lesegerätes zur Übertragung aufgefordert wurde.

1.1   Einordnung und Abgrenzung

In vielen Bereichen, insbesondere in der Produktion und Logistik sind heute *automatische Identifikationssysteme (Auto-ID)* (vgl. Abb. 1) nicht mehr wegzudenken. Ziel ist es, Informationen über Personen, Tiere und Güter automatisch bereitzustellen und damit die Identifikation der Objekte beispielsweise in der Lieferkette zu erleichtern [4].

Abbildung 1: Übersicht der wichtigsten Auto-ID Verfahren, angepasst aus: [4]

Der *Barcode* besteht aus vielen senkrechten Strichen von unterschiedlicher Breite und mit unterschiedlichem Abstand zueinander. Binär interpretiert stellen sie die codierten Daten dar. Ausgelesen werden die Daten mittels eines optischen Laserstrahls. Der heute am weitesten verbreitete Barcode ist der dreizehnstellige *EAN-Code (European Article Number)*.

Bei der *Optical Character Recognition (OCR)* werden Klarschriftleser auf speziellen Schrifttypen eingesetzt, die sowohl von Menschen, als auch von Maschinen lesbar sein müssen. Sie kommen z. B. in Banken bei dem maschinellen Auslesen von Überweisungen oder Schecks zum Einsatz. Dabei ist ein großer Vorteil von OCR, dass die relevanten Daten bei Problemen in der maschinellen Erkennung oder auch zur Kontrolle von Menschen lesbar sind.

In der *Biometrie* werden mathematische bzw. statistische Verfahren eingesetzt, um Lebewesen zu identifizieren und zu vergleichen. Insbesondere die Identifikation von Personen beispielsweise durch charakteristische und unverwechselbare Fingerabdrücke, Gesichtsmerkmale, Stimmenmuster oder Netzhauteigenschaften, gewinnt in den letzten Jahren vor allem in Sicherheitsfragen immer größere Bedeutung.

Chipkarten sind elektronische Datenspeicher im Kreditkartenformat (*Speicherkarte*). Ist eine zusätzliche Verarbeitung der Daten erforderlich, können Mikroprozessoren in die Chipkarten eingebaut werden (*Mikroprozessorkarte*). Zum Auslesen der Daten wird ein auf der Karte aufgebrachtes Kontaktfeld mit einer Leseeinheit in Verbindung gebracht. Zum Einsatz kommt die Technik z.B. in Bankkarten. Vorteil der Technologie ist die mögliche Verschlüsselung der Karten. Zu den Nachteilen zählt z.B. die Anfälligkeit der Chipkarten gegen äußere Einflüsse wie die Abnutzung oder Beschädigung des Kontaktfeldes.

Die *RFID-Systeme* sind mit den Chipkarten eng verwandt. Auch hier werden Daten auf einem Chip mit einem geeigneten Reader ausgelesen. Wichtiger Unterschied ist aber, dass für das Auslesen der Daten kein Kontakt zwischen Sender und Empfänger erforderlich ist. Durch zahlreiche Vorteile, die RFID-Systeme beispielsweise gegenüber einem Barcode-System bieten, hat die Technologie sich in den letzten Jahren zu einem ernstzunehmenden Konkurrenten der etablierten Systeme entwickelt. Heute kommen RFID-Systeme beispielweise in der Logistik, bei der Zugangskontrolle oder in elektronischen Bezahlsystemen zum Einsatz.

1.2   Historie und Entwicklung

Grundlage der RFID-Technologie war die Erfindung der Radars Ende des zweiten Weltkrieges. Mithilfe von Transmittern an den eigenen Flugzeugen gelang den Briten eine zuverlässige Unterscheidung von Freund und Feind. Diese Erfindung stellte das erste passive Identifikationssystem auf der Basis von Funkwellen dar [5].

In den 50er und 60er Jahren wurde die Radar- und Funktechnologie weiterentwickelt und etwa in *Anti-Diebstahl-Systemen*, wie sie auch heute noch in Kaufhäusern üblich sind, eingesetzt. Unter Verwendung von 1-Bit-Transpondern, die beim Bezahlen an der Kasse deaktiviert werden können, wird ein widerrechtliches Entfernen von Artikeln verhindert.

In den 70er Jahren gab es verstärkt Entwicklungen in diesem Bereich. So wurden z.B. Systeme zur Zugangskontrolle und zur Tieridentifikation mithilfe von Tags realisiert. Nachdem sich diese ersten *niederfrequenten (low-frequency, LF) Transponder* verbreitet hatten, konzentrierte sich die Entwicklung auch auf *hochfrequente (13,56 MHz, HF) Funkwellen*. Damit konnte eine größere Reichweite der Signale und eine schnellere Datenübertragung erreicht werden.

Anfang der 90er Jahre gab es die ersten *ultrahochfrequenten (UHF) RFID-Systeme*, die bereits eine Reichweite von mehreren Metern hatten. Der Versuch, RFID-Systeme in hohen Stückzahlen einzusetzen, scheiterte damals noch an den hohen Stückkosten der Einheiten.

1999 gründeten der Uniform Code Council (UCC), EAN International, Procter & Gamble und Gillette das *Auto-ID-Center* am Massachusetts Institute of Technology (MIT). Dort arbeitete man u.a. an der Entwicklung von kostengünstigen RFID Transpondern. In den folgenden vier Jahren schlossen sich über 100 große Firmen, das US-Verteidigungsministerium, sowie viele Anbieter von RFID-Systemen dem Konsortium an. In diesen Jahren wurden von dem Auto-ID-Center mehrere weltweite Labors gegründet, zwei Schnittstellenprotokolle etabliert, der *Elektronische Produktcode (EPC)* eingeführt, sowie eine Netzwerkarchitektur für die Suche nach Produkten bzw. den dazugehörigen Tags im Internet aufgebaut.

Im Oktober 2003 wurde das Auto-ID-Center aufgelöst und die Non-Profit-Organisation *EPCglobal* aus einem Joint Venture des UCC und der EAN International gegründet. Diese Organisation beschäftigt sich seitdem mit der Weiterentwicklung der Technologie, insbesondere in bezug auf Fragen der Datensicherheit, der Entwicklung und Etablierung von technischen Spezifikationen und Standards für die Hard- und Software und die Netzwerkarchitektur.

2 Technologie

2.1 Bestandteile eines RFID-Systems

Wie bereits erwähnt, hat ein RFID-System zwei Hauptbestandteile (vgl. Abb. 2) [4]:

- einen *RFID Tag*, der auf die zu identifizierenden Objekte aufgebracht wird
- einen *Reader*, der je nach Bauform Lese- oder Schreib-Lese-Eigenschaften hat

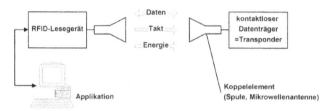

Abbildung 2: Reader und Transponder als Hauptbestandteile eines RFID-Systems, aus: [4]

Im *Lesegerät* sind u.a. ein Sende- und Empfangsmodul, eine Antenne und meist auch eine Schnittstelle integriert, um die empfangenen Daten an ein Computer-System weiterzuleiten.

Der *Transponder* ist der eigentliche Datenspeicher und enthält neben einer Antenne einen elektronischen Mikrochip [4]. In den meisten Fällen enthält dieser Chip eine eindeutige Seriennummer, den elektronischen Produktcode EPC, der u.a. den Produkthersteller, die Artikelart und den speziellen Artikel mit Preis codieren kann. Datenbanken ermöglichen die Interpretation dieser Informationen. Dabei wäre es in Zukunft möglich, dass der Produkthersteller entscheiden kann, welche Informationen für alle – Kunden wie andere Unternehmen – und welche nur für den Hersteller selbst lesbar sind [5].

Die meisten der heute im Einsatz befindlichen RFID Tags haben keine eigene Stromversorgung und sind deshalb außerhalb der Reichweite eines Readers passiv (vgl. Abschnitt 2.2.2). Das Backtracking des Signals bzw. der im Tag enthaltenen Daten erfolgt automatisch und ohne Kontakt von Reader und Transponder [4].

2.2 Aktive vs. Passive Systeme

2.2.1 Aktive Tags

Aktive Tags beinhalten neben einer Antenne und einem Mikrochip einen Transmitter, sowie eine eigene Stromquelle – meist eine Batterie. Die Tags senden Signale, um die Informationen, die auf dem Chip gespeichert sind, an den Reader zu übertragen. Die Stromquelle wird sowohl für den Chip, als auch für die Datenübertragung genutzt. Neben den genannten Bestandteilen können beispielsweise auch Sensoren für die Messung von Temperatur oder Luftfeuchtigkeit, sowie Kryptographiemodule enthalten sein [6].

Aktive RFID Tags werden meist auf großen Objekten wie z.B. Frachtcontainern eingesetzt, deren Position und Inhalt auf längere Distanzen identifizierbar sein soll. Sie arbeiten zu diesem Zweck im UHF bzw. Mikrowellen-Bereich (vgl. Abschnitt 2.5), der ein Auslesen noch aus einer Entfernung von über 100 Metern ermöglicht [2].

Innerhalb der aktiven Tags unterscheidet man *Transponder*, die erst durch das Signal eines in Reichweite befindlichen Readers geweckt werden und deshalb sehr stromsparend arbeiten und *Beacons*, die in gewünschten Zeitintervallen selbständig Signale senden, um eine Echtzeit-Standortbestimmung des Objektes zu ermöglichen [6].

Die Kosten für aktive Tags liegen je nach Bauart zwischen 10 € und 40 €. Wenn die Einheit in speziellen Behältern eingebaut wird, um sie beispielsweise vor Witterungseinflüssen zu schützen, steigen diese Kosten noch. Auch aus diesem Grund sind Unternehmen sehr an einer Wiederverwendbarkeit der Tags, wie etwa auf einem Container oder LKW, interessiert.

2.2.2 Passive Tags

Passive Tags verfügen über keine Sendeeinheit und keine eigene Stromquelle [6]. Die benötigte Energie wird durch Induktion[1], ausgehend vom Signal des Readers erzeugt, wobei die Antenne als Spule dient. Ein Kondensator sorgt dann für eine dauerhafte Stromversorgung des Chips. Die Datenübertragung erfolgt durch Lastmodulation, d.h. im Takt des zu übertragenden Datenstroms wird ein Lastwiderstand variiert und so das Signal, das vom Transponder reflektiert wird, moduliert [4].

Der fehlende Transmitter und die fehlende Stromquelle reduzieren die Stärke des Antwortsignals und damit die Reichweite der von diesen Tags erzeugten Signale. Ein Auslesen ist nur von etwa 1 bis 10 cm möglich [6].

Insoweit sind die Herstellungskosten für passive Tags auch erheblich geringer – sie liegen zur Zeit etwa bei 0,15 bis 0,35 €. Wegen der relativ geringen Stückkosten sind die passiven Tags zur Zeit am weitesten verbreitet. Nichtsdestoweniger verhindern ebendiese Kosten noch einen Masseneinsatz. Für diesen Zweck werden Stückkosten von unter 0,05 € angestrebt [6].

Neben den beiden wichtigsten Arten gibt es auch noch die sogenannten *Semi-passiven* bzw. *Batterie-unterstützten Tags*. Sie verfügen über eine eigene Stromquelle, die jedoch nur für die Stromversorgung des Chips verwendet wird. Die Signalübertragung erfolgt wie bei passiven Tags, wobei die gesamte Energie des Reader-Signals für das Antwortsignal des Tags zur Verfügung steht. Dadurch ist die Reichweite von semi-passiven Tags höher als die von rein passiven Tags. Die Kosten liegen bei etwa 1 € [8].

2.3 Reichweite

Für die Reichweite eines RFID-Systems, insbesondere eines passiven System ohne Signalverstärkung, ist die Art der Datenübertragung zwischen Tag und Reader entscheidend [4].

---

[1] Spannungserzeugung in einer Spule durch zeitlich veränderliche elektrische und magnetische Felder [7]

Bei einem *Close Coupling System* wird der Transponder zur Datenübertragung auf die Oberfläche des Lesegerätes platziert oder in das Lesegerät eingesteckt. Die Reichweite dieser Systeme liegt zwischen 0,1 und 1 cm. Zu den verwendeten Verfahren bei der Datenübertragung gehört die *magnetische Kopplung* sowie die *kapazitive Kopplung*.

Eine größere Reichweite bieten *Fernkopplungs-Verfahren (remote coupling)*. Die Systeme arbeiten mit dem Verfahren der *induktiven Kopplung (inductive coupling)* im niederfrequenten und hochfrequenten Bereich, also zwischen 30 kHz und 30 MHz (vgl. Abschnitt 2.5) und ermöglichen eine Datenübertragung bis zu einer maximalen Reichweite von etwa einem Meter. Die LF- und HF-Frequenzbereiche vereinfachen dabei eine Übertragung auch in der Nähe von Metall und Flüssigkeiten.

Für *Langreichweiten-Verbindungen (long range)* wird eine *elektromagnetische Backscatter-Kopplung (propagation coupling)* verwendet. Die Systeme arbeiten meist im hochfrequenten und Mikrowellenbereich (zwischen 433 MHz und 5,6 GHz). Durch die kürzeren Wellenlängen sind weitaus kleinere und effizientere Antennenbauweisen möglich und die Reichweite steigt auf mehrere Meter [4]. Probleme bei der Erfassung der Tags bereiten die verwendeten Frequenzbereiche: UHF-Signale können an metallenen Oberflächen abprallen und werden von Wasser gar absorbiert. Diesem Problem kann man inzwischen begegnen, indem man einen ausreichend großen Luftzwischenraum zwischen dem Tag und der entsprechenden Oberfläche schafft [6]. So hat z.B. die Firma Paxar kürzlich das "Space Tag" entwickelt. Dieses RFID-Haftetikett mit Barcode-Aufdruck verfügt über eine drei bis acht Millimeter dicke Zwischenlage aus wasserfreiem Schaumstoff, um so Irritationen des Tags zu verhindern [9].

2.4   Beschreibbarkeit

Hinsichtlich der Beschreibbarkeit unterscheidet man *nicht beschreibbare Transponder*, bei denen die Informationen schon bei der Herstellung auf dem Chip gespeichert werden und auch später nicht mehr verändert werden können und *beschreibbare Transponder*, deren Dateninhalt durch den Reader verändert werden kann. Die wichtigsten Verfahren für die Speicherung sind *EEPROM (electrically erasable programmable read only memory)*, *FRAM (ferromagnetic random access memory)* und *SRAM (static random access memory)* [4].

Die weit verbreiteten EEPROM-Chips haben gegenüber den FRAMs den Nachteil, dass der Schreibzugriff relativ langsam ist und viel Leistung benötigt. Bei statischen RAMs können gegenüber den beiden anderen Verfahren die gespeicherten Daten nicht dauerhaft ohne Stromversorgung erhalten werden. Diese benötigen also eine zusätzliche Stromquelle.

2.5   Frequenz

Hinsichtlich der Betriebsfrequenz, also der Frequenz, auf der Reader und Transponder kommunizieren, unterscheidet man zwischen niederfrequenten (low frequency, LF, 30 bis 300 kHz), hochfrequenten (high frequency, HF, 3 bis 30 MHz), ultrahochfrequenten (ultra high frequency, UHF, 300 MHz bis 3 GHz) und Mikrowellen-Systemen (über 3 GHz) [4].

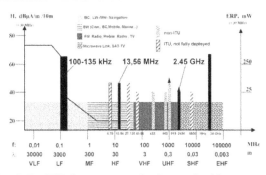

Abbildung 3: Von RFID-Systemen verwendete Frequenzbereiche, angepasst aus: [4]

Da RFID-Systeme durch elektromagnetische Wellen kommunizieren, müssen für die Frequenz Bereiche genutzt werden, die keine anderen Funkdienste (z.b. Polizei oder Funktelefone) in ihrer Funktion beeinträchtigen. Deshalb werden insbesondere bestimmte Frequenzbänder genutzt, die speziell für industrielle, wissenschaftliche und medizinische Zwecke zur Verfügung stehen: die *ISM-Frequenzbereiche (Industrial-Scientifical-Medical)* (vgl. Abb. 3).

Generell steigen mit höheren Frequenzen die Geschwindigkeit der Datenübertragung und damit die Leistungsfähigkeit des Systems (z.b. Kryptofunktionen), aber auch der Preis der Komponenten.

2.6 Wichtige Bauformen von Transpondern

Die häufigste Bauform von Transpondern sind die sogenannten *Münzen* oder *Chips*. Dabei sitzt der Transponder in einem runden Kunststoff-Gehäuse von bis zu 10 cm Durchmesser. Der Mikrochip befindet sich meist in der Mitte der Münze und ist von der Antenne kreisförmig umgeben. Zum Einsatz kommen die Chips etwa bei Zugangskontrollen [4]. So setzt z.b. das Stadtbad Trier Chipcoins ein, auf denen die Häufigkeit der möglichen Nutzung gespeichert ist und die damit einen Zugang zum Bad ermöglichen.

Bei der Identifikation von Tieren werden *Glasgehäuse* eingesetzt, die in die Haut der Tiere injiziert oder sogar in den Magen verbracht werden können. Das Glasgehäuse kann 12 bis 32 mm lang sein und die Spule ist hier um einen Stab im Inneren gewickelt (vgl. Abb. 4).

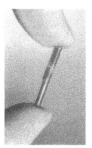

Abbildung 4: Großaufnahme eines 32mm Glastransponders, aus: [4]

Ähnlich dem Glasgehäuse ist das *Plastikgehäuse* für den Transponder. Im Unterschied zum Glasgehäuse ist das Plastikgehäuse äußerst widerstandsfähig gegen äußere Einflüsse und weist wegen der größeren Bauform und der damit möglichen längeren Antenne eine höhere Reichweite auf. Zum Einsatz kommt diese Bauform beispielsweise in Autoschlüsseln für elektronische Wegfahrsperren.

Eine weitere wichtige Bauform sind die *kontaktlosen Chipkarten*. Der Transponder wird hier zwischen mehreren PVC-Folien einlaminiert (vgl. Abb. 5). Durch eine großflächig aufgebrachte Spule ist eine große Reichweite möglich. Ein Beispiel für den Einsatz ist das von Philips entwickelte Mifare-System, das u.a. auch an der Universität Trier (TUNIKA) zum elektronischen, kontaktlose Bezahlen eingesetzt wird.

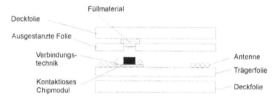

Abbildung 5: Aufbau einer kontaktlosen Chipkarte, aus: [4]

Insbesondere beim Versenden von Waren oder Gepäck können RFID Transponder in Form von *Smart Labels* eingesetzt werden. Hierbei wird die Transponderspule auf eine hauchdünne Plastikfolie aufgebracht und ermöglicht so den Einsatz auf Selbstklebeetiketten, wie sie z.b. bei der Kennzeichnung von Gepäck am Flughafen zum Einsatz kommen (vgl. Abb. 6).

Abbildung 6: Smart Label als Selbstklebeetikett an Fluggepäck, aus: [4]

2.7   Datensicherheit

Der Einsatz von RFID-Systemen in sicherheitsrelevanten Bereichen, wie z.b. in der Zugangskontrolle zu Gebäuden oder der Nutzung als elektronisches Zahlungsmittel, erhöht die Wahrscheinlichkeit von Angriffsversuchen auf die Systeme, die das Ziel haben, unberechtigterweise in den Besitz von Informationen oder Berechtigungen zu gelangen [4].

Um diese Angriffversuche erfolgreich abzuwehren, muss sowohl verhindert werden, dass Daten, die zwischen Transponder und Reader ausgetauscht werden, von Unberechtigten gelesen werden können (*Verschlüsselung*), als auch, dass ein fremder Datenträger die Zugehörig-

keit zum System vortäuscht, um Zugriff zu erhalten (*Authentifikation*). Der Einsatz von solchen Verfahren verteuert die verwendeten Tags allerdings erheblich.

Ein potentieller Angreifer kann sich im System entweder passiv oder aktiv verhalten: bei einem *passiven Angriff* versucht der Angreifer lediglich, durch Mithören der übertragenen Daten an potentiell wichtige Informationen zu gelangen, bei einem *aktiven Angriff* versucht der Angreifer, die übertragenen Daten in seinem Sinne zu verändern. Für beide Angriffsmethoden kann eine geeignete *Verschlüsselung* der Daten einen sicheren Schutz bieten. Bei der Verschlüsselung der Daten, die ein Transponder enthält, wird zwischen *Block-* und *Stromchiffren (Streamcipher)* unterschieden. Für den Einsatz in RFID-Systemen sind Stromchiffren besser geeignet, da Blockchiffren sehr rechenintensiv sind.

Um sich gegenseitig zu identifizieren, überprüfen Transponder und Reader jeweils die Kenntnis eines geheimen kryptographischen Schlüssels. Bei einer *symmetrischen Authentifizierung* ist dieser geheime Schlüssel im gesamten System der gleiche. Ein gemeinsamer geheimer Schlüssel für alle Systembestandteile stellt jedoch ein erhebliches Sicherheitsrisiko dar. Wesentlich sicherer ist dagegen die Authentifizierung mit einem *abgeleiteten Schlüssel*, der bei der Herstellung für jeden Tag mithilfe eines Masterkeys erzeugt wird und so eine eindeutige Identifizierung sicherstellt [4].

Bezüglich der Datensicherheit existieren noch weitere Angriffsszenarien und damit verbundene Abwehrmöglichkeiten, die hier nicht näher betrachtet werden. Generell kommt die in Kapitel 4.1 noch näher beschriebene Studie des Bundesamtes für Sicherheit in der Informationstechnologie (BSI) zu dem Schluss, dass die Gefahren eines Angriffs auf ein RFID-System schon aufgrund des technischen Aufwandes derzeit noch gering sind [3].

2.8   Standardisierung und Normen

Von den derzeitigen Normungsbestrebungen bei RFID sind besonders die Bereiche Kommunikation zwischen Tag und Reader, Datenorganisation und -speicherung, Test der Produkte auf Einhaltung der Standards, sowie Einsatz betroffen [10]. Ohne eine Standardisierung in diesen Bereichen ist ein Einsatz der Systeme insbesondere in Supply Chains (vgl. Abschnitt 3.2.5) nicht sinnvoll, da der Anpassungsaufwand zwischen den Unternehmen zu hoch ist.

Die weltweite Vereinigung der nationalen Normungsinstitute wie der deutschen DIN oder der amerikanischen ANSI ist die *ISO (International Organisation for Standardization)*. Diese Organisation hat in den vergangenen Jahren einige Normen entwickelt, die insbesondere die Tieridentifikation, kontaktlose Chipkarten, sowie die Containeridentifikation betreffen [4].

Die bereits im Kapitel Historie in Verbindung mit dem Auto-ID Center erwähnte Organisation *EPCglobal* entwickelte u.a. 2004 einen neuen Standard für Transponder im UHF-Frequenzbereich, den "EPC Generation 2" (Gen 2). Ziel war es dabei, einen einzigen, weltweit gültigen Standard zu entwickeln, der sich mehr an den ISO-Normen orientierte, als die Standards, die das Auto-ID Center bisher entwickelt hatte und so eine weltweite Verbreitung zu erleichtern [10].

3   Anwendung und Einsatz

RFID Technologie kann aufgrund ihrer Leistungsfähigkeit in vielen Bereichen einer effizien-
teren Abwicklung der Prozesse dienen. So sind beispielsweise im A2C-Bereich die neuen
deutschen Reisepässe mit einem RFID Chip ausgestattet [11], der neben der Fälschungssi-
cherheit der Dokumente insbesondere auch eine schnelle Identifikation der Personen ermöglichen soll. Der Fokus dieser Arbeit liegt auf dem *B2B-Bereich*, d.h. wo und inwieweit RFID
im Handel Prozesse optimieren, Kosten einsparen und Wertschöpfung generieren kann. Am
Ende des Kapitels werden noch exemplarisch weitere Einsatzgebiete von RFID aufgezeigt.

Die gesamte Handelsbranche ist aufgrund gestiegener Kundenerwartungen, weltweiter Bezie-
hungen und wirtschaftlicher Rahmenbedingungen auf eine hohe Flexibilität, Effizienz und
Innovationskraft angewiesen. In diesem Zusammenhang ist insbesondere die Prozessoptimie-
rung ein entscheidender Wettbewerbsfaktor. Der mit RFID verbundene Wandel in der Branche ist vergleichbar mit dem Aufkommen des Barcode-Systems in den 70er Jahren [12].

Obwohl in der Öffentlichkeit noch weitgehend unbeachtet und unbekannt, werden RFID-
Systeme bereits seit mehreren Jahrzehnten in vielen Bereichen eingesetzt. Insbesondere in
Handelsunternehmen kann der Einsatz solcher Systeme zu erheblicher Aufwand- und Kos-
tenminimierung beitragen.

Der Durchbruch der Technologie steht dabei, neben einer militärischen Nutzung, insbesondere in vielen B2B-Branchen, wie dem Einzelhandel, dem Cargowesen und der Konsumgüter-
herstellung kurz bevor [13].

3.1   Kosten

Der Einsatz eines RFID-Systems stellt erhebliche Anforderungen in bezug auf Wahl des richtigen Systems mit den entsprechenden Komponenten an die Unternehmen. Dabei beschränkt
sich die Einführung der Technologie keinesfalls nur auf den Kauf der richtigen Tags und Reader. Zur Generierung von Wertschöpfung gehört vielmehr auch die Auswahl von Middleware zur Filterung der Daten sowie die Integration von geeigneter Anwendungssoftware [14].

Auf die Kosten von *Tags* wurde bereits in den entsprechenden Abschnitten eingegangen
(vgl. Kapitel 2). Ergänzend bleibt noch zu sagen, dass mittlerweile bereits ein Preisverfall bei
RFID-Etiketten, die insbesondere bei einem Masseneinsatz auf Konsumgütern eingesetzt
werden könnten, zu verzeichnen ist. So sind inzwischen Labels – die entsprechende Stückzahl
vorausgesetzt – für knapp 0,13 € im Handel [15].

Die entsprechenden *Reader* liegen preislich zwischen 400 und 2500 €. Dabei ist der Preis entscheidend von den zur Verfügung gestellten Funktionalitäten abhängig. So sind beispielsweise Reader mit Filter- und Speicherfunktionen erheblich teurer als einfachere Lesegeräte. Zu
diesen Kosten kommt noch der Testaufwand, da manche Reader und Antennen besser funkti-
onieren als vergleichbare Geräte [14].

Von der Wahl der richtigen *Middleware* hängt entscheidend die richtige Funktion des Systems ab. Die Middleware liest die Tags, u.U. mehrere Male oder viele Tags gleichzeitig, filtert die wichtigen Informationen heraus und leitet sie an ein Backend-System weiter. Mit weiteren Funktionalitäten ausgestattet kann eine Middleware z.b. auch selbständig Lieferdaten über EDI bearbeiten und mit den Kunden abgleichen. Die Kosten sind von vielen Faktoren abhängig und wurden in einer Studie von Forester Research im März 2004 auf etwa 150.000 € für einen Hersteller mit einem Unternehmenswert von 10 Mrd. € geschätzt [14].

Ziel eines RFID Systems ist eine Kostenverringerung und Effizienzsteigerung in Unternehmensprozessen. Dazu muss eine geeignete *Anwendungssoftware* implementiert werden, die die Middlewaredaten verarbeiten, interpretieren und nutzbringend einsetzen kann. Die Kosten für die teilweise noch zu entwickelnde bzw. anzupassende Software hängt mitentscheidend davon ab, wie viele Unternehmen die Software einsetzen wollen.

Neben diesen Kernkosten hängen mit der Einführung der Technologie noch viele weitere Kosten zusammen. Hard- und Softwarespezialisten müssen mit der Integration und der Auswahl der richtigen Komponenten betraut werden, Mitarbeiter müssen geschult und die Technologie ausgiebig getestet werden, bevor ein Einsatz möglich ist. Forester Research schätzte die Kosten für *Integration* auf etwa 100.000 €, für die *Mitarbeiterschulung* auf über 250.000 € und für das *Testen* von Tags und Readern auf knapp 70.000 € - jeweils bezogen auf ein Unternehmen mit einem Marktwert von 10 Mrd. € [14].

3.2   Einsatz im Handel

Die RFID-Technologie selbst stellt an sich noch keine Wertschöpfung dar. Vielmehr erlaubt deren Einsatz, vergleichbar der Internet-Technologie, die Entwicklung von Anwendungen, die zur Wertschöpfung der Unternehmen beitragen können [16].

3.2.1   Logistik

Der Haupteinsatzbereich für RFID im Handel ergibt sich aus der Konzeption der Technologie: dem automatischen kontaktlosen Identifizieren von Objekten. Ein Auslesen der Transponder durch Leseeinheiten geschieht vollautomatisch, ohne dass menschliches Eingreifen nötig ist und ohne, dass die Waren mit den Readern in direktem oder Sichtkontakt stehen. Die Daten des Lesevorgangs, welche üblicherweise die Tag-ID, die Reader-ID und den Zeitpunkt des Lesevorgangs enthalten, können in Echtzeit an ein Computersystem übermittelt werden, das die Daten verarbeitet und interpretiert. Da der Computer den Standort der Reader kennt, kann er auf den Standort der mit Tags versehenen und von bestimmten Readern erfassten Waren schließen. Das Unternehmen kann also jederzeit Ort und Art der Ware im gesamten Lagerbereich (bzw. dem von Readern abgedeckten Bereich) exakt und vollautomatisch bestimmen. Dies schafft Zeit- und Aufwandersparnis in der gesamten Logistik [16].

So wird ein LKW, der neue Waren bringt, direkt am Lagertor von Lesegeräten erfasst und ohne, dass der LKW geöffnet werden muss, sein gesamter Inhalt als Wareneingang im

Warenwirtschaftssystem (WWS) des Unternehmens erfasst. Sind die Waren abgeladen, können Roboter aufgrund der RFID-Etiketten den Inhalt jeder einzelnen Palette bestimmen und sie vollautomatisch zu dem vorgesehenen Lagerregal transportieren. Gleichzeitig ist der Logistik-Manager zu jeder Zeit über den Lagerinhalt, den Standort und die vorhandene Menge jedes einzelnen Gutes informiert und kann bei Bedarf Nachbestellungen vornehmen und Lieferaufträge bearbeiten. Bei der Auslieferung kann dann der entsprechende Artikel, sofern er im Lager vorhanden ist, im Regal gefunden und auf die wartenden LKW verteilt werden. Leere Regale und nicht auffindbare Waren können so in Verbindung mit dem richtigen Managementsystem der Vergangenheit angehören.

Air Canada beispielsweise setzt auf aktive RFID Transponder, die auf den Essensbehältern für die Verpflegung der Passagiere angebracht sind. In Verbindung mit Lesegeräten an den Toren der Catering-Unternehmen ist es so möglich, die Behälter einem Flug zuzuordnen, sie für die entsprechende Maschine richtig zu beladen und am richtigen Terminal zur Verfügung zu stellen. Eine komplizierte und zeitraubende Prüfung der Inhalte durch Catering-Mitarbeiter kann so entfallen. Durch den Einsatz dieses Systems auf Flugplätzen weltweit spart die Fluggesellschaft so jährlich mehrere Millionen Dollar ein [16].

3.2.2 Verwaltung und Buchhaltung

Ein weiterer wichtiger Einsatzbereich für RFID stellt die Verwaltung der Vermögenswerte eines Unternehmens dar. Vielleicht mit Ausnahme von Grundstücken und Gebäuden können grundsätzlich alle materiellen Wirtschaftsgüter, über die ein Unternehmen verfügt, mit RFID Tags versehen und so jederzeit schnell und flexibel erfasst werden, ohne dass eine aufwendige Inventur "von Hand" nötig ist. Auch ein Diebstahl bzw. das Entfernen von wertvollen Geräten kann so eingedämmt werden [16]. Zusätzlich kann der Tag auch weitere Informationen wie Kaufdatum, Wert, notwendige Instandsetzungsarbeiten oder Wartungszyklen speichern [12].

So hat z.B. der Flugzeughersteller Airbus bestimmte *Präzisionswerkzeuge* mit RFID Transpondern ausgerüstet. Diese Werkzeuge, die von dem Unternehmen auch an Wartungsgesellschaften verliehen werden, liefern durch die Tags nun Informationen zur Anwendung, Standort und zum Lebenszyklus, d.h. wann ein Werkzeug neu kalibriert oder Verschleißteile ausgetauscht werden müssen [12].

Auch die Berliner Wasserbetriebe setzen RFID erfolgreich in der Buchhaltung ein. Über 62.000 Güter werden schnell, aktuell und ohne Auswertungsfehler, wie sie bei einer manuellen Inventur und papierbasierten Erfassung auftreten können, verwaltet. Ein weiterer Vorteil von RFID ist hier die Resistenz gegen äußere Umwelteinflüsse, die bei dem Versorger eine Barcodelösung bei vielen Gütern (z.B. Pumpen) unmöglich macht [17].

3.2.3 Produktion

Auch in der Produktion werden inzwischen seit etwa 10 Jahren RFID-Systeme eingesetzt und haben sich vielfach bewährt [16]. RFID Tags helfen, den Standort von Teilen im Produktionsprozess exakt zu bestimmen, deren Einbau zu unterstützen und den Produktionsfortschritt

festzustellen. So entfällt beim Transport von Einzelteilen zu verschiedenen Produktionsstand-
orten das Ausbuchen am ersten Standort durch Scannen des Barcodes und Einbuchen am
zweiten Standort durch erneutes Scannen. Das Ein- und Ausbuchen kann durch RFID
Transponder automatisiert werden. So wird auch verhindert, dass bei vergessenem oder feh-
lerhaftem Ein- bzw. Ausbuchen das Teil nicht mehr auffindbar ist.

Ein amerikanischer Automobil-Zulieferer setzt z.B. ein HF-RFID-System in der Produktion
ein und ist damit in der Lage, die benötigten Teile am gewünschten Ort und zu der gewünschten Zeit zur Verfügung zu stellen (*Just-in-time-Produktion*). Außerdem können die verschiedenen lieferbaren Teile bestimmt, gezählt und nötigenfalls ein Produktionsprozess in Auftrag
gegeben werden. Das eingesetzte System erwies sich dabei als zu 99,9% genau [16].

3.2.4   Einzelhandel

Im Einzelhandel hat sich die RFID Technologie noch nicht in dem Maße durchgesetzt, wie es
bereits z.b. in der Logistik der Fall ist. Grund sind vor allem die noch immer relativ hohen
Einzelkosten für die Transponder, die ja auf jedem Produkt angebracht werden müssten [16].
Auch die Möglichkeit, dass Unternehmen die Daten der Tags ohne das Wissen der Kunden
auslesen und so gezielte Kundenprofile erstellen könnten, stellt ein bisher ungelöstes Problem
dar, das vor einigen Monaten Datenschützer und Verbraucherschutzverbände auf den Plan
gerufen und eine große öffentliche Diskussion über die neue Technologie hervorgerufen hat.

Große Einzelhandelskonzerne wie Metro (Deutschland), Tesco (GB) und Wal Mart (USA)
haben jedoch das Potential der Technologie sowohl für den Kunden- als auch für den Unter-
nehmensnutzen erkannt und führen bereits intensive Studien und Tests durch [16].

So hat z.b. die Metro-Gruppe zusammen mit SAP, Intel, IBM und weiteren Partnern im nord-
rhein-westfälischen Rheinberg den sogenannten *Future Store* errichtet, in dem ein zukünftiger
Einsatz von RFID unter realen Bedingungen getestet wird. Ein Kunde, der in diesen Laden
kommt, wird in seinem gesamten Kaufprozess von dem System unterstützt. Der Einkaufswa-
gen beinhaltet ein portables Computerdisplay, auf dem der Kunde seine Einkaufswünsche
eingeben kann. Dieses Display leitet ihn dann zu dem entsprechenden Regal, wo er die Ware
findet. Zusätzlich können Informationen zu dem Produkt auf dem Display oder an den Regalen abgerufen werden. Der Computer kann außerdem Vorschläge für alternative Produkte
oder für Produkte machen, die zu dem gewünschten Artikel passen. An der Kasse fährt der
Kunde an einem Reader vorbei, der die Ware im Wagen erfasst und die Rechnung ausdruckt,
ohne dass die Artikel aus dem Wagen auf das Band geräumt werden müssen. Abschließend
kann der Käufer mit seiner Kundenkarte und dem darauf enthaltenen RFID Tag die Ware bar-
geld- und kontaktlos bezahlen [18]. Ein breiter realer Einsatz von RFID in dem geschilderten
Umfang dürfte allerdings noch einige Jahre auf sich warten lassen [16].

3.2.5 Supply Chain Management

Ein Einsatz eines RFID-Systems entlang der gesamten Lieferkette vom Hersteller bis zum Endverbraucher ist bislang noch eine Zukunftsvision. Bisher wird die Technologie weitgehend erst in einigen Teilbereichen eingesetzt (vgl. Abschnitte 3.2.1 bis 3.2.4). In der Zukunft ist jedoch ein Einsatz entlang der gesamten Prozesskette denkbar (vgl. Abb. 7). In bezug auf die technologische Umsetzbarkeit verhindern heute lediglich fehlende weltweit gemeinsame Standards einen solchen Einsatz für alle Unternehmen [16]. Große Handelsketten wie die Metro setzen die Technologie jedoch bereits zumindest bei einigen ihrer wichtigsten Lieferanten ein und planen, dieses Lieferantennetz in den nächsten Jahren zu vergrößern [19].

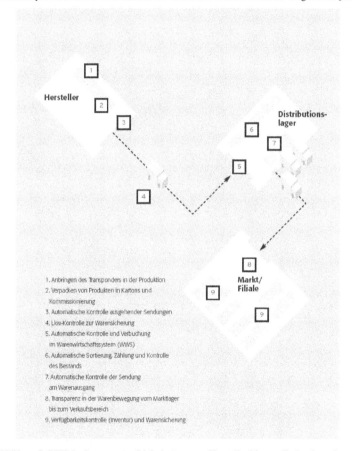

Abbildung 7: RFID in der gesamten Lieferkette – vom Hersteller bis zum Endverbraucher, aus: [12]

In der *Produktion* bringt der Hersteller die RFID Transponder auf die Verpackungen der Waren oder Güter auf (*Schritt 1*) [12]. Während der gesamten Produktion der Ware ist eine Erfassung der Einzelteile, die Verfolgung des Produktionsfortschritts und schließlich die Erfas-

sung und Verbuchung der fertigen Ware möglich (*Schritt 2*). Nachdem die Produktion abge-
schlossen ist, werden die Waren im Warenwirtschaftssystem des Herstellers erfasst und für
die Auslieferung freigegeben (*Schritt 3*). Die ständige Einsehbarkeit und die flexible Planbar-
keit des Warenbestandes ermöglicht eine Just-in-time-Produktion. Die Informationen über die
zur Verfügung stehenden Güter werden zwischen den WWS des Herstellers und möglicher
Zwischenhändler bzw. Kunden elektronisch ausgetauscht. Die fertige Ware wird entsprechend
dem Bestimmungsort für den Transport sortiert und auf die LKW verladen, die die Ware zu
den Zwischenhändlern bzw. in Auslieferungslager transportieren (*Schritt 4*). Die Paletten
können dabei vollautomatisch erfasst und ausgebucht werden – eine fehlerhafte bzw. fehlende
Erfassung ist so nicht mehr möglich. Während des Transports kann eine Echtzeit-
Überwachung und Standortbestimmung mithilfe von Beacons und GPS insbesondere bei
hochpreisigen Waren für zusätzliche Sicherheit sorgen (vgl. hierzu Abschnitt 2.2.1) [12].

Im *Lager* angekommen, werden die Waren automatisch am Eingangstor im Warenwirtschaftssystem erfasst (*Schritt 5*) und, wie im Abschnitt 3.2.1 beschrieben, an die entsprechenden Standorte im Lager verteilt (*Schritt 6*). Die Distribution und ggfs. notwendige Nachbestel-
lung kann ebenfalls vollautomatisch erfolgen. Dazu werden die Daten über die WWS des La-
gers, des Herstellers und des Kunden ausgetauscht und abgeglichen. Beim Warenausgang
erfolgt die automatische Kontrolle und Ausbuchung der Ware (*Schritt 7*) und anschließend
der Transport zum Kunden [12].

Beim Entladen der Ware beim *Kunden* erfassen Reader die Daten über die ankommende Ware
und übergeben sie an das WWS. Dieses gleicht vollautomatisch die Lieferung mit der Bestel-
lung ab und sorgt für die Verteilung der Güter an die vorgesehenen Standorte. Die Mitarbeiter
sind jederzeit in der Lage, die Ware exakt zu lokalisieren (*Schritt 8*) und festzustellen, wann
der Bestand zur Neige geht. Durch das RFID-System in Verbindung mit dem WWS des Kunden werden weiterhin zeitraubende Inventuren überflüssig (*Schritt 9*) (vgl. Abschnitt 3.2.2).
Außerdem können die RFID Tags auf den Produkten helfen, das widerrechtliche Entfernen
der Ware aus den Regalen einzudämmen, so wie es heute schon in Bekleidungsgeschäften
durch 1-Bit-Transponder, die an der Kasse deaktiviert werden, üblich ist [12].

3.3   Andere Einsatzbereiche

Neben den Einsatzbereichen im Handel kommen RFID-Systeme auch in anderen Bereichen
vor. Der Einsatz soll hier beispielhaft an einigen Punkten, die nicht bereits in anderen Kapi-
teln beschrieben wurden, aufgezeigt werden.

Boston, Washington D.C., Seoul und weitere große Städte setzen kontaktlose Smart Cards
ein, um das *Bezahlen von Bus-, U-Bahn und Zugtickets* zu erleichtern. Gegenüber Magnetkarten bietet RFID hier unter anderem den Vorteil, dass in kürzerer Zeit mehr Fahrgäste abgefer-
tigt werden können. Weitere Bezahlsysteme, die auf RFID basieren, kommen z.B. bei Skilif-
ten oder Kinos vor [16].

Das *amerikanische Verteidigungsministerium* setzt aktive RFID Tags in Verbindung mit Bewegungssensoren ein, um zu verhindern, dass sicherheitsrelevante Objekte, wie z.b. Waffensysteme in einem Depot oder Laptops, die sensible Daten enthalten, widerrechtlich von ihrem Standort entfernt werden [16].

In einem *Vergnügungspark* in den USA können Kinder dank eines Armbandes, in das ein aktiver Transponder eingebaut ist, im gesamten Park wiedergefunden werden [16].

Mobil setzt an seinen *Tankstellen* in den USA das Speedpass System ein: ein im Schlüssel integrierter passiver Chip erlaubt es Tankstellenkunden, ihr Benzin bargeldlos zu bezahlen, indem sie den Wagenschlüssel vor einen Reader in der Zapfsäule halten (vgl. Abb. 8). Dadurch kann Kassenpersonal reduziert und die Abfertigung der Kunden in Stoßzeiten wesentlich beschleunigt werden [20].

Abbildung 8: Das Speedpass-System von Mobil, aus: [20]

Bei der *Fußball-Weltmeisterschaft 2006 in Deutschland* sind die Eintrittskarten mit personalisierten RFID Tags ausgerüstet. Damit wollen die Veranstalter den Schwarzmarkt eindämmen und die Sicherheit in den Stadien erhöhen [12].

In vielen *Universitäts- und öffentlichen Bibliotheken* sind die Bücher und Zeitschriften mit RFID Transpondern ausgerüstet, die es ermöglichen, den genauen Standort des gesuchten Buches in der Bibliothek zu bestimmen und es ohne zeitaufwändiges Scannen eines Barcodes auszuleihen. Außerdem können die Tags verhindern, dass die Ausleihmedien wiederrechtlich aus dem Gebäude entfernt werden [12].

In einem Naturhistorischen *Museum* in Dänemark können die Besucher mithilfe eines PDA Hintergrundinformationen zu den mit RFID Tags versehenen Ausstellungsstücken erhalten. Das Museum erfährt, welche Erläuterungen verstärkt nachgefragt wurden und kann so die Ausstellung besser auf die Besucherbedürfnisse abstimmen [12].

Biologen verwenden RFID Tags, um das *Verhalten von Bienen* zu erforschen. Die mit winzigen Transpondern versehenen Tiere werden beim Verlassen des Stocks, bei der Nahrungssuche und bei der Rückkehr von Lesegeräten erfasst. Da eine Erfassung in Echtzeit möglich ist, können die Wissenschaftler das gesamte Bienenvolk beobachten und erforschen [12].

4 Perspektiven

4.1 Bewertung der RFID-Technologie

Eine vom *Bundesamt für Sicherheit in der Informationstechnologie (BSI)* im Jahr 2004 durchgeführte Studie [3] anhand einer Online-Befragung unter ausgewiesenen Experten in der Informationstechnik arbeitet die zentralen Stärken und Schwächen der RFID-Technologie im Vergleich mit anderen Auto-ID-Systemen heraus und leitet daraus fördernde und hemmende Faktoren für den zukünftigen Einsatz von RFID-basierten Anwendungen ab.

4.1.1 Stärken und fördernde Faktoren

Im Vergleich zu den anderen Systemen (Barcode, OCR, Chipkarte) zeichnet sich RFID insbesondere durch eine hohe *Leistungsfähigkeit* aus. Die hohe Datenmenge (typischerweise bis 64 Kilobyte), eine hohe Datendichte und eine außerordentlich schnelle Lesegeschwindigkeit (6 bis 8 mal schneller als die anderen Systeme) sind hier zentrale Merkmale, die RFID einen Vorsprung vor den etablierten Systemen verschaffen. Hinzu kommt noch, dass einige Transpondertypen mehrfach beschreibbar sind und eine Erfassung der Daten im Pulk möglich ist, während Daten bei den anderen Systemen nacheinander eingelesen werden müssen. Schließlich weisen RFID-Systeme auch die größtmögliche Reichweite zwischen Datenträger und Lesegerät (mehrere Meter, je nach System) auf. Mehr als zwei Drittel der Experten beurteilten daher die Leistungsfähigkeit von RFID als deutliche Stärke gegenüber den anderen Systemen im Wettbewerb [3].

Die Kriterien *Funktionssicherheit* und *Informationssicherheit* sehen die befragten Experten ebenfalls zu rund 80% als eine Stärke von RFID an. Die Systeme können ohne direkten und sogar ohne Sichtkontakt ausgelesen werden, werden nur in geringem Maße von äußeren Einflüssen wie Nässe oder Schmutz beeinflusst und zeichnen sich durch eine geringe Abnutzung aus, da kein direkter Kontakt zwischen Lesegerät und Datenträger vonnöten ist. Zudem ist unbefugtes Kopieren bzw. Ändern der Daten schwierig.

Weiterhin zeigt die Studie auf, dass *ökonomische Rahmenbedingungen* sowie *gesetzliche Vorschriften* deutlich als fördernde Faktoren für den Einsatz von RFID-Systemen anzusehen sind.

Wirtschaftlich wird in den letzten Jahren eine Effizienzsteigerung in den Prozessen, insbesondere in Industriebetrieben, immer wichtiger. Um Produktivitätsfortschritte zu erzielen, versucht die Branche daher, den Automatisierungsgrad in allen Bereichen möglichst zu steigern. Um dieses Ziel in Zukunft besser zu erreichen, eignen sich insbesondere die Fähigkeiten eines RFID-Systems, das ein menschliches Eingreifen in vielen Bereichen überflüssig macht. Hinzu kommt noch, dass sich die Transparenz der Lieferkette durch das vollautomatische Abgleichen der Daten zwischen verschiedenen Systemen erhöht.

Politisch wird seit einigen Jahren auf Qualität und Sicherheit der Produkte, sowie auf Dokumentation (z.B. Herkunft) großen Wert gelegt. Auch beispielsweise bei der Wartung techni-

scher Anlagen und bei der Kennzeichnung chemischer Rohstoffe wurden und werden strenge-
re Vorschriften durchgesetzt. Hier kann RFID durch seine flexiblen und vielfältigen Einsatzmöglichkeiten entlang der gesamten Lieferkette für eine hohe Transparenz in der Produktion
sorgen.

4.1.2   Schwächen und hemmende Faktoren

Deutliche Schwächen sehen die Experten insbesondere in den hohen *Kosten* für die Anschaf-
fung und die Implementierung eines RFID-Systems, welche insbesondere durch hohe Einzelkosten der Transponder, die einen Einsatz in der Massenproduktion bisher unrentabel machen, bedingt sind. Hinzu kommen noch die hohen Investitionskosten in die benötigte EDV-
Struktur. Für rund zwei Drittel der Befragten ist dieser Bereich ein hemmenden Faktor der
Technologie. Die (noch) hohen Kosten werden jedoch durch die beschriebene enorme Leistungsfähigkeit und das Potential von RFID relativiert. Bei dem ebenfalls betrachteten *Kosten-
Nutzen-Verhältnis* beurteilen immerhin gut die Hälfte der Befragten RFID als positiv [3].

Eine weitere Schwäche der Technologie ist den Experten zufolge der bisher *geringe Standar-
disierungsgrad*, was eine Implementierung deutlich erschwert, sowie die Unsicherheit, ob
sich RFID in der Zukunft bei den Unternehmen durchsetzen wird. Außerdem besteht noch
Unklarheit darüber, ob sich die Technologie in die bestehenden Rechnerstrukturen wirtschaftlich und technisch erfolgreich einbinden lässt.

4.1.3   Vorteile im B2B-Bereich

Aus der Betrachtung der oben genannten Stärken von RFID, insbesondere der Leistungsfähigkeit, können sich ganz konkrete Vorteile für Unternehmen ergeben, die die Technologie
einsetzen [12]:

- Mitarbeiter können mithilfe eines WWS jederzeit die genaue Position der Güter in der
  Prozesskette bestimmen – das bedeutet höhere *Transparenz* und *Sicherheit*

- Warenein- und –ausgang laufen schnell, unkompliziert und weitestgehend automatisiert ab – das verringert *Opportunitätskosten*

- Bestände und Standort der Ware können jederzeit abgerufen und flexibel organisiert
  werden – das verringert das durchschnittliche *Lagervolumen* und optimiert eine *Just-
  in-time-Produktion*

- körperliche Inventuren werden durch ein WWS in Verbindung mit RFID überflüssig –
  das schafft *Zeit- und Kostenersparnis*

- Bestellverarbeitung, Verbuchung und Versand der Ware können gleichzeitig und
  größtenteils automatisiert abgewickelt werden – das verhindert fehlgeleitete Bestel-
  lungen und *Fehlbestände* im Lager

- Produktions- und Beschaffungswege können lückenlos dokumentiert und nachvollzo-
  gen werden – das schafft *Sicherheit vor Fälschungen* und minderwertigen Waren

4.2 Zukünftige Entwicklungen

Zur Zeit kann niemand genau sagen, wohin die Technologie in Zukunft steuern wird. Bedingt durch die vielfältigen Verwendungsmöglichkeiten sind Entwicklungen und Einsatz von RFID in nahezu allen Bereichen des öffentlichen Lebens möglich. Hierzu einige Beispiele:

Der britisch-holländische Konsumgüteranbieter Unilever hat in einem Pilotprojekt eine *Küche* der Zukunft entwickelt, bei der eine Leseeinheit in der Vorratskammer alle verfügbaren Lebensmittel im Regal erfasst. Ein Computer verarbeitet die Daten und macht Vorschläge, was mit den Lebensmitteln gekocht werden kann. Weitergehend wäre denkbar, dass dieser Computer auch zur Neigung gehende Lebensmittelvorräte selbständig erfasst und sie beim Computer des Lebensmittelmarktes nachbestellt [20].

Ein italienischer Haushaltsgerätehersteller hat eine intelligente *Waschmaschine* entwickelt, die durch einen integrierten Reader die in den Kleidungsstücken enthaltenen Transponder auslesen und sie dann entsprechend der vorgegebenen Spezifikationen waschen kann [20].

Ein wichtiger Bereich in der Industrie beschäftigt sich mit *Produktrückrufen*. Wenn ein produziertes Produkt nach der Auslieferung einen sicherheitsrelevanten technischen Defekt aufweist (z.b. in der Automobilindustrie), müssen unter Umständen viele tausend Artikel in eine Werkstatt zurückgerufen werden. Dabei kann der Hersteller nie genau wissen, ob alle Artikel von den Kunden zurückgebracht wurden. Mithilfe von integrierten Transpondern und einer Registrierung der Kunden wäre es möglich, alle Kunden individuell anzuschreiben und den Rücklauf zu überwachen [20].

Ein weiterer möglicher Einsatzbereich ist die *Reduzierung von Plagiaten*. Schätzungen zufolge sind z.b. im pharmazeutischen Bereich 8 bis 10% aller Medikamente im Markt gefälscht. Diese Fälschungen können wirkungslos sein oder sogar lebensbedrohliche Auswirkungen haben. RFID Tags könnten die echten von den nachgemachten Produkten unterscheiden. Zusätzlich wäre es möglich, zu verhindern, dass Patienten gleichzeitig Medikamente einnehmen, die gefährliche Wechselwirkungen haben können [20].

im *Konsumgüterbereich* könnten Kunden mithilfe von in Mobiltelefonen integrierten Readern Informationen über gekaufte Produkte, wie Herkunft und Garantiezeiträume, erhalten. Darüber hinaus könnten mit den Produkten verknüpfte Informationen auf speziellen Webseiten zur Verfügung gestellt werden, auf denen dann auch Support-Dienste oder Cross-Selling-Produkte vorgestellt werden könnten [20].

Das amerikanische Verteidigungsministerium prüft die Verwendung von RFID Tags als *elektronische Siegel* für Cargo-Container. Diese Tags melden eine widerrechtliche Öffnung des Containers an ein Computersystem, das dann einen Alarm auslöst und die gezielte Kontrolle von Containern ermöglicht. Diese Verwendungsmöglichkeit könnte z.b. Diebstahl oder Schmuggel erheblich erschweren [16].

5 Fazit

Experten zufolge ist die Informations- und Kommunikationstechnologie das zentrale Element der heutigen und zukünftigen wirtschaftlichen Entwicklung in den nächsten Jahrzehnten. Sie wird inzwischen als 5. Kondratjew-Zyklus angesehen, d.h. als zentrale Triebfeder einer langfristigen Konjunkturentwicklung seit 1980. Für die nächsten 10 Jahre wird von einer weiteren Steigerung der Leistungspotentiale dieser Technologie ausgegangen.

Ein wichtiges Element im Business-Bereich ist dabei die transparente Organisation von Prozessketten und ein flexibler Datenaustausch zwischen den Unternehmen. Dank des Einsatzes einer Technologie wie RFID sind Einsparungen insbesondere in der Lagerlogistik, der Just-in-time-Produktion und im weltweiten sicheren Transport von Gütern möglich. Bei der Vielzahl der Einsatzmöglichkeiten ist es jedoch wichtig, im Einzelfall zu prüfen, welche Bereiche eine ökonomisch und technisch sinnvolle Verwendung der Technologie erlauben. Im B2B wurden in Pilotprojekten und durch den langjährigen Einsatz in einigen Bereichen das Potential der Technologie erkannt und teilweise auch bereits umgesetzt.

Größte Hemmnisse für eine weitere Verbreitung von RFID im B2B-Bereich, die sich in der Folge auch auf den B2C-Bereich auswirken könnte, scheinen insbesondere die hohen Transponderkosten, Datenschutzaspekte sowie die fehlenden weltweiten Standards zu sein. Vor allem Organisationen wie EPCglobal in Zusammenarbeit mit dem UCC wollen in den nächsten Jahren diese Schwächen ausräumen und so den Einsatz der Systeme in den Unternehmen erleichtern.

Beispiele von großen Unternehmen wie Marks & Spencer, Gillette, Metro und anderen zeigen deutlich, dass RFID längst keine Zukunftsvision mehr ist. Wenn es gelingt, die Hemmnisse zu beseitigen, steht einem flächendeckenden Einsatz von RFID, der helfen kann, die Effizienz und die Flexibilität der Unternehmen und damit deren Wertschöpfung deutlich zu steigern, nichts mehr im Weg.

Literaturverzeichnis

[1]   RFID Journal (2006). What is RFID? Website der Fa. RFID Journal Inc., Melville   2006.   URL: *www.rfidjournal.com/article/articleview/1339/1/129/*, Verifizierungsdatum 21.01.2006

[2]   RFID Centre (2006). RFID Technology. Website der Fa. RFID Centre Ltd., Bracknell 2006. URL: *rfidc.com/docs/rfid.htm*, Verifizierungsdatum 21.01.06

[3]   Bundesamt für Sicherheit in der Informationstechnik - BSI (Hrsg.) (2004). Risiken und Chancen des Einsatzes von RFID-Systemen – Trends und Entwicklungen in Technologien, Anwendungen und Sicherheit, Bonn 2004

[4]   Finkenzeller, K. (Hrsg.) (2000). RFID-Handbuch – Grundlagen und praktische Anwendungen induktiver Funkanlagen, Transponder und kontaktloser Chipkarten, 2. Auflage, Carl Hanser Verlag, München u.a. 2000

[5]   RFID   Journal   (2006).   The   History   of   RFID   Technology. Website   der   Fa.   RFID   Journal   Inc.,   Melville   2006. URL: *www.rfidjournal.com/article/articleview/1338/1/129/*, Verifizierungsdatum 21.01.2006

[6]   RFID   Journal   (2006).   The   Basics   of   RFID   Technology. Website   der   Fa.   RFID   Journal   Inc.,   Melville   2006. URL: *www.rfidjournal.com/article/articleview/1337/1/129/*, Verifizierungsdatum 21.01.2006

[7]   Lanz, G., Jung, W. (Hrsg.) (1994). Abiturwissen – Physik, Weltbild Verlag GmbH, Frankfurt am Main (1997)

[8]   RFID Journal (2006). Glossary of RFID terms. Website der Fa. RFID Journal Inc.,   Melville   2006.   URL: *www.rfidjournal.com/article/glossary/1*, Verifizierungsdatum 21.01.2006

[9]   Voigt, S. (2005). Neues RFID-Etikett garantiert eine sichere Datenübertragung auch für Metalle und Flüssigkeiten. In: Logistik inside, Ausgabe 08/2005, S. 51

[10]   RFID   Journal   (2006).   A   Summary   of   RFID   Standards. Website   der   Fa.   RFID   Journal   Inc.,   Melville   2006. URL: *www.rfidjournal.com/article/articleview/1335/1/129/*, Verifizierungsdatum 21.01.2006

[11]   Wilkens, A. (2004). Reisepass mit RFID-Chip. Website der Fa. Heise Zeitschriften   Verlag   GmbH   &   Co.   KG,   Hannover   2006. URL: *www.heise.de/newsticker/meldung/45780*, Verifizierungsdatum: 21.01.06

[12]   IBM Deutschland (Hrsg.), METRO Group (Hrsg.) (2005). RFID – Motor für Innovationen, Herrenberg u.a. 2005

[13]   Schüler, H-P. (2005). Lieferketten drahtlos. In: c't, Ausgabe 25/2005, S. 101

[14]   RFID   Journal   (2006).   RFID   System   Components   and   Costs. Website   der   Fa.   RFID   Journal   Inc.,   Melville   2006. URL: *www.rfidjournal.com/article/articleview/1336/1/129/*, Verifizierungsdatum 21.01.2006

[15] Schüler, H-P. (2005). Preisverfall. In: c't, Ausgabe 23/2005, S. 42

[16] RFID Journal (2006). RFID Business Applications. Website der Fa. RFID Journal Inc., Melville 2006. URL: *www.rfidjournal.com/article/articleview/1334/1/129/*, Verifizierungsdatum 21.01.2006

[17] smart-TEC (2005). Referenzprojekte: RFID-basierte Inventarisierung bei den Berliner Wasserbetrieben. Website der Fa. smart-TEC GmbH & Co. KG, Oberhaching 2006. URL: *www.smart-tec.com*, Verifizierungsdatum 21.01.2006

[18] METRO Group Future Store Initiative (2006). PSA – Persönlicher Einkaufsberater. Website der Fa. METRO AG, Düsseldorf 2006. URL: *www.future-store.org/servlet/PB/-s/1cxryo21k5tuov1k9nqqtjn6k9z1l9g55t /menu/1007339_11_yno/index.html*, Verifizierungsdatum 21.01.2006

[19] IBM (2004). Neue RFID-Middleware von IBM bringt Transparenz in die Lieferkette. Website der Fa. IBM Deutschland GmbH, Stuttgart 2006. URL: *www-5.ibm.com/de/pressroom/presseinfos/2004/041217_1.html*, Verifizierungsdatum 21.01.06

[20] RFID Journal (2006). RFID Consumer Applications and Benefits. Website der Fa. RFID Journal Inc., Melville 2006. URL: *www.rfidjournal.com/article/articleview/1332/1/129/*, Verifizierungsdatum 21.01.2006